AF561443

HISTOIRE DU PRINCE APPRIUS;

Extraite des Fastes du Monde, depuis sa Création.

Manuscrit Persan trouvé dans la Bibliothéque de SCHAH-HUSSAIN, Roi de Perse, détrôné par MAMOUTH, en 1722.

TRADUCTION FRANÇOISE

Par Monsieur ESPRIT, *Gentilhomme Provençal, servant dans les Troupes de Perse.*

IMPRIMÉ A CONSTANTINOPLE.

M. DCC. XXIX.

AU LECTEUR.

LE Gentilhomme François dont nous tenons ce morceau d'Histoire, en rapporte des choses surprenantes. La Tradition Persanne est, selon lui, que le Prince Apprius *est le pere de toutes les Têtes couronnées du Monde, depuis sa création. Que le nombre des enfans que ce grand Prince a eus de la Reine* Monilne *son épouse, est si prodigieux, que la multitude de tous les Descendans du premier Homme, jusqu'au dernier qui en naîtra, n'est pas plus innombrable. Il ajoute que les plus savans personnages Turcs, Persans, Arabes, &c. qui ont travaillé sur l'Histoire que nous vous donnons, la regardent comme un Corps de Morale* *qui renferme les plus belles Leçons ; & les Préceptes les plus essentiels pour la conservation de tout le genre humain. Il est triste pour les Amateurs des jolies choses, qu'on n'ait point pû nous communiquer ces beaux Commentaires, non plus que les Cartes Géographiques & les Figures dont cet Ouvrage auroit besoin ; mais ce qui doit consoler, c'est qu'on prétend que l'Histoire d'*Apprius *a cela de merveilleux, que quiconque la méditera bien, pourra la comprendre fonciérement, & y trouvera même souvent sa propre Histoire, pour peu que ce soit Homme ou Femme d'un certain Rang ; & sur tout qui ait été élevé au College, au Couvent, ou à la Cour.*

HISTOIRE

HISTOIRE DU PRINCE APPRIUS.

PREMIERE PARTIE.

SI l'idée que les hommes se font de la noblesse, n'est pas une idée chimérique; s'il est vrai qu'elle consiste dans une suite d'Ancêtres non interrompuë pendant plusieurs siécles, le Prince, dont nous écrivons l'Histoire, remontant de mâle en mâle jusqu'à la création du Monde, peut se regarder comme l'Etre le plus noble de la nature. Cependant il ne s'est jamais glorifié de sa naissance, parce que sachant que la vertu n'y est point attachée, & qu'on est fils de ses propres œuvres, il a toujours regardé comme frivole un avantage qui dépend du hazard. En effet, quoique la plûpart de ses Ayeux se soient immortalisés par leurs belles actions, il s'en est trouvé qui ont passé leur vie dans l'indolence, dans l'oubli d'eux-mêmes; il y en a eu d'autres assez lâches pour se laisser enlever leurs prérogatives les plus précieuses; mais comme le mérite des uns & l'ignominie des autres n'est pas de notre sujet, nous revenons au Prince *Apprius*.

Les premiers hommes, ignorans ou mystérieux, ont déguisé presque toutes choses, ou sous des Fables grossiéres, ou sous des emblêmes inintelligibles.

Quand on veut pénétrer dans les tems reculés, l'obſcurité arrête à chaque pas; voici, après une recherche laborieuſe, ce que nous avons pû débroüiller dans un cahos d'idées confuſes & bizarres, dont la Critique la plus lumineuſe ne peut diſſiper les ténébres. Nous avons beau faire pour connoître diſtinctement la vérité, nous ne la verrons jamais qu'à travers un voile.

Nous ne nous arrêtons point à deſſigner toutes les figures ſous leſquelles on a dépeint le Prince *Apprius*, ni à rapporter tous les noms qu'on lui a donnés. Les égaremens de l'eſprit humain ennuyent autant qu'ils amuſent, nous ne rapporterons qu'en paſſant quelques *Hiéroglyphes* qui le caractériſent. Chez un peuple, c'eſt un Dieu; chez un autre, ce n'eſt qu'un homme, mais un homme ſingulier; dans un pays, objet d'un culte publique, on lui dreſſe des Autels, on lui bâtit des Temples : ailleurs, on ne l'adore qu'en ſecret ; ici c'eſt une flâme dévorante qui conſume le Sacrificateur & la Victime ; là c'eſt une roſée vivifiante qui donne l'être & l'accroiſſement à tout ; autre part c'eſt un ſimple pepin de raiſin ; parmi les uns c'eſt le Phénix qui renaît de ſa cendre, le rameau d'or qui ſe reproduit de lui-même ; parmi d'autres, c'eſt un objet de riſée, un Monſtre ſans forme ; cependant le plus honoré & le plus célébré de leurs Dieux. Par tout c'eſt une bouſſole qui régit toutes les actions humaines ; c'eſt un aimant qui attire tout à lui. Que ſavons-nous ce que ce n'eſt pas ? Mais c'eſt trop nous livrer aux ſymboles de l'allégorie : laiſſons le faux brillant de la Fable, & paſſons à la ſimplicité de l'Hiſtoire.

Apprius étoit fils de *Valmor* & de *Luſicoteria*-

Lusicoteria-Celpidutia. S'il ne parût pas de Phénoménes dans le Ciel à ſa naiſſance, il y eût ſur la terre des marques d'une allégreſſe univerſelle. Tous les Peuples s'empreſſérent à le voir: tous ceux qui eurent ce bonheur, en furent enchantés, & trouvoient même des charmes dans le ſeul plaiſir d'entendre parler de lui. Il eût pour Nourrice *Pultovéla*, qui jeune alors, fraîche, gracieuſe, n'avoit point encore couru ces Avantures qui l'ont renduë mépriſable: Elle avoit dans ce tems-là ces attraits, cette fineſſe, cette douceur que nous ne connoiſſons qu'en idée: la vigueur de la ſanté, la force du tempéramment dépendent des premiers alimens.

Apprius nourri d'un lait plein d'eſprits ſubtils, fut robuſte preſqu'en naiſſant; ce fut lui, s'il nous eſt permis de recourir encore à l'emblême, qui, ſous le nom d'*Hercule*, étouffa deux Serpens dans ſon Berceau.

Gatimonnilia, qui prit ſoin de ſes premieres années, s'attacha à lui, de ſorte qu'elle ne l'abandonna preſque jamais. Il trouva dans ſon amitié ces joies pures & délicieuſes, ſans leſquelles les plaiſirs ne ſont que fadeur; forcé de revenir à elle, quand ſes emportemens l'avoient refroidie, il a avoüé dans tous les tems de ſa vie, qu'il n'a été heureux que par elle, qu'avec elle. *Valmor* lui avoit donné le Roïaume des *Siders*, païs vaſte, où l'on fait tous les jours de nouvelles découvertes. C'eſt au milieu des mers qui l'environnent de toutes parts que ſe trouve l'Iſle flotante de *Talié-laré*, charmante à la vûë. Les *Siders* font mille tentatives pour y arriver, mais rebutés par le peu de ſuccès de leur entrepriſe, ils

diſent

disent que c'est une chimére ; elle subsiste pourtant, mais tel est le grand art de l'Enchanteur qui l'a bâtie, qu'on croit la voir & y toucher, qu'on ne la voit & qu'on n'y touche presque jamais.

Les *Siders* sont légers, impétueux, volages; ils veulent avec ardeur, ils courent à l'extrême, & vont toujours au-delà de ce qu'ils ont voulu; ils négligent le présent, & ne s'occupent que de l'avenir; ils méprisent ce qu'ils possédent, ne s'occupent que de l'avoir, & font leurs délices de ce qu'ils n'ont pas. Leur ambition est excessive & jamais satisfaite. Leurs projets sont immenses & rarement heureux. Leur extravagance s'accroît par la contrariété. Ils en font leur gloire, elle est sagesse pour eux; c'est un *Sider* qui fut le premier Chymiste. Leur Devise est : SPERAR SEMPRE', NON GIOIR MAI.

 Le

Le païs est fertile, & dans la plus belle situation du monde. Les points de vûë en sont admirables; les Edifices y sont d'une hauteur prodigieuse; les Jardins y sont coupés de labyrinthes; ces labyrinthes sont si étendus, si broüillés, qu'on s'y égare presque toujours, même avec un Guide; les fleurs y sont belles, mais sans odeur; les fruits y flattent les yeux, mais le goût y trouve peu son compte; le climat est chaud, les orages y sont fréquens. Le petit peuple va presque nud, les Seigneurs sont habillés d'une étoffe singuliere, & qui ressemble assez à des aîles de Papillons rares & bizarrement colorés. La nourriture ordinaire est délicieuse, mais si corrosive, qu'elle est plus propre à irriter l'appétit qu'à le satisfaire; la liqueur qu'on y boit est forte, elle étourdit, elle enyvre, & ne désaltere point.

Apprius se sentit toute sa vie des impressions qu'il avoit prises avec de tels Courtisans. L'inconstance fut sa passion dominante ; plus flatté dans ses plaisirs de la variété que du choix, il consulta souvent le caprice aux dépens du goût & de la délicatesse, Il n'en convint jamais, parce que tout ce qui flatte paroît bon ; mais nous devons rendre témoignage à la vérité, même aux dépens de notre Héros. Blâmer ses défauts, c'est rendre croïables ses vertus.

A peine eut-il douze ans, que les Courtisans, toujours les yeux ouverts sur leurs Princes, toujours attentifs à suivre, à étudier leurs démarches pour en profiter, s'apperçûrent qu'il étoit capable de se laisser gouverner par un Favori. Il y eut de tous côtés des brigues secrettes, des sollicitations ouvertes pour cette place importante. Le Roi cependant ne se déterminoit point, son indécision tenoit tous les esprits en suspens ; les biens qu'on attend agitent presqu'autant que les maux qu'on souffre. Tel étoit l'état de la Cour, lorsqu'on fut tout étonné qu'un matin à son lever, on sçut qu'il avoit choisi le Prince *Danbre*. Ce fut aux Aspirans à se soumettre à la volonté du Maître, & à rechercher les bonnes graces du Favori.

Ce Prince, fils de *Livocguver* & de *Plecuanissa*, étoit Souverain de la Province des *Celulois*, nation indépendante des *Siders*, mais leurs Alliés, & qui de tout tems servit de Troupes auxiliaires dans leurs Armées.

Les *Celulois* sont petits, mais vigoureux, presque toujours en colere & en action ; l'activité de leur tempéramment les ride & les vieillit de bonne heure ; il y a une union si par-

faire,

nîte, une dépendance si nécessaire entr'eux & leur Prince, qu'ils ne peuvent rien sans lui, qu'il ne peut rien sans eux. L'amitié est d'un si grand usage chez ce Peuple, qu'il est inoüi qu'un *Celulois* ait abandonné son ami, la mort seule ou la violence peut les séparer. Toujours l'un avec l'autre, ils partagent leurs fatigues & leurs plaisirs. Cette intelligence fait leur gloire & leur force.

La jalousie suit de près la faveur. On disoit de lui qu'il n'avoit que le mérite de la nouveauté, que c'étoit un jeune audacieux qui ne voïoit rien d'impossible, un étourdi qui n'écoutoit que sa folie, que son emportement, qui précipiteroit le Roi dans quelques excès nuisibles à sa santé, ou honteux à sa gloire; que *Gatimonnilia* (car c'étoit elle, qui non contente de l'avoir introduit à la Cour, l'avoit fait connoître à

Apprius)

Apprius) feroit la prémiere à fe repentir de fon ouvrage, qu'il la détruiroit dans l'efprit du Prince, pour y regner feul. On fe trompa. Il a toujours vêcu parfaitement bien avec elle. Il fervit toujours fi bien fon maître, qu'il en fut aimé fans interruption jufqu'à la mort, & que fa perte lui coûta des regrets infinis.

Touchons quelque chofe de fon caractere.

Son impétuofité naturelle partoit d'un fond de valeur, & de fermeté merveilleufes; intrépide à la vûë du danger, il s'y jettoit, non comme ne le connoiffant pas, mais comme le trouvant digne de lui; ennemi du repos, il ne s'y livroit qu'à regret, que pour des momens. Une victoire rempoitée l'animoit à une nouvelle conquête, il ne s'occupoit que de combats, que de triomphes. De-là tant d'exploits entrepris avec hardieffe, dieſſe, ſoutenus avec courage, exécutés avec ſuccés. Sa fidélité fut ſans murmure, & ſans exemple. Les favoris preſque tous ingrats, cherchent leur élévation dans l'abaiſſement de ceux qui les ont créés. La gloire de ſon Prince fut toujours l'objet de ſes deſirs, & le terme de ſon ambition. Il aima le Roi dans *Apprius*, ſans vûë, ſans deſſein, par le ſeul plaiſir de l'aimer. Jamais il ne ſépara ſa puiſſance de ſa perſonne. On peut dire enfin que le zéle du favori pour le ſervice de ſon maitre, alla juſqu'à ſa deſtruction, juſqu'à ſon anéantiſſement.

Le Roi avoit pour Menins deux jeunes *Celulois* de ſon âge. Le Prince *Danbre* les lui recommanda, en lui faiſant connoître tout leur mérite. *Apprius* les goûta, les aima, les combla de graces : leur reconnoiſſance égala ſes bontés ; ils l'aimerent, ils s'attacherent à lui ſans réſerve, ſans partage. Admis à ſes travaux, ils en porterent tout le poids, toute la fatigue ; admis à ſes plaiſirs, ils en firent tout le charme, tout l'attrait, toute la vivacité ; leur protecteur peu jaloux de leur faveur, ne ſe faiſant point une peine d'avoüer qu'ils l'aidoient à conſerver celle de leur maître.

Danbre joüit quelque tems d'une faveur oiſive. *Apprius*, jeune encore, & ſans diſcernement, s'abandonnoit tout entier à ces jeux frivoles, & ſans reſſource, que l'enfance ſemble perpétuer dans ceux qu'elle eſt forcée de quitter. Peu à peu la diſſipation fit place au recueillement ; ſes idées ſe débroüillerent, ſon goût s'épura, les choſes ſuccederent aux riens. *Danbre* alors entra dans tous ſes droits, le Roi ne pouvoit ſe paſſer de lui, n'étoit

heureux

heureux qu'avec lui. Cependant il devint rêveur, il s'ennuïoit, il ne parloit plus, il soupiroit, un mélange confus de langueur & de vivacité, éteignoit & allumoit tour à tour le feu de ses regards. On s'apperçut de son changement, ses Courtisans voulurent le dissiper par des fêtes, elles le rendirent plus mélancolique; les Dames en tirerent un mauvais augure pour elles, leur tems n'étoit pas venu; elles purent bientôt se détromper; ce trouble involontaire, cette insensibilité apparente leur préparoit des conquêtes dont leur vanité eut lieu d'être satisfaite.

Comme on aime le détail, & qu'on veut tout connoître dans les grands hommes, nous allons donner d'*Apprius* la plus juste idée qu'il nous sera possible. Il étoit dans cet âge où la beauté est de tous les ſexes ; la ſienne étoit délicate, mais piquante ; flateuſe, mais animée ; il avoit cet air de douceur & de majeſté, que les Dieux impriment dans ceux qu'ils font les objets de leur complaiſance & de leur prédilection. Le reſpect & l'admiration marchoient devant lui, il étoit le charme des yeux & des cœurs, on ne pouvoit lui refuſer le tribut d'amour qu'il exigeoit ; cependant il paroiſſoit volontaire.

Le pinceau le plus vif rendroit mal ſes couleurs, l'imagination même en peindroit mieux l'effet que le mélange.

Ses cheveux étoient d'un noir éclatant, rien n'en déguiſoit la couleur naturelle, ils friſoient ſans art, ils étoient à lui. Alors on ne connoiſſoit pas, du moins à ſa Cour, ce raffinement, ou plutôt cette bizarrerie de goût qui fait renoncer

aux

aux dons de la nature, pour s'approprier une dépoüille étrangere. Ils étoient courts. La molesse n'avoit pas encore introduit ces longues chevelures qui donnent un air efféminé à ceux qui les portent, qui les déparent, qui les rendent aussi ridicules que le seroient des liévres affublés de la criniere d'un lion. Ennemi du faste, son habillement étoit simple ; il ne consistoit que dans un manteau de satin gris-blanc, doublé d'un tafetas couleur de rose, rattaché par un petit nœud de ruban couleur de feu. Il s'ajustoit de façon que dans les jours d'action ou de cérémonie, il ne l'empêchoit ni de combattre, ni de faire paroître l'élégance de sa taille.

Admirablement bien fait, le mouvement libre, la démarche aisée, la contenance haute, même un peu fiere, mais de cette fierté noble qui eſt l'appanage du Souverain ; il n'étoit ni comme ces géans que leur grandeur éléve juſqu'aux cieux, que leur poids entraîne vers la terre ; ni comme ces nains qu'un ſouffle renverſe, qui échapent aux yeux ; la nature qui aime l'ordre, qui cherche la proportion dans toutes ſes productions, en avoit fait ſon chef-d'œuvre ; il étoit tel qu'on nous dépeint le Dieu Mars. Il étoit doux, il ſembloit même qu'il abordoit d'un air timide. Ce premier trouble paſsé, on le trouvoit aimable, careſſant ; il étoit vif, entreprenant, ne connoiſſant ni d'obſtacle, ni de difficulté, la réſiſtance l'irritoit ; alors il n'étoit plus maître de lui-même, il étinceloit de colere, le feu lui ſortoit de toutes parts, il ne reſpiroit que le ſang & le carnage : il falloit que tout lui cédât ; honteux de ſon emportement, il ſe cachoit,

choit, il répandoit des larmes : mais comme on rentre aisément dans son naturel, à la premiere occasion, la colere succédoit au repentir, avec autant de rapidité que le repentir auroit succédé à la colere. Au reste, ses vertus effaçoient ses défauts ; on peut même dire qu'ils n'en étoient que des suites. Tout ce qui constitue les héros, il l'avoit éminemment ; surtout il étoit né si libéral, que le sommeil même ne suspendoit pas la passion qu'il avoit de répandre ses graces. Titus ne regrettoit que les jours qu'il avoit passés sans en faire ; *Apprius* eût regretté les nuits. Un plus long éloge l'offenseroit, la modestie & le mérite marchent de compagnie. Un jour, seul avec son favori, rompant tout-à-coup le silence, *Danbre*, lui dit-il, je vous aime, je veux vous ouvrir mon cœur, tout semble me rire, & tout me rit en effet; chéri de mes sujets, tranquille dans mes états, en paix avec mes voisins, je devrois être heureux, je ne le suis pas. Des mouvemens inconnus m'agitent, votre présence (tout cher que vous m'êtes) en redouble la violence, je frémis, je tremble, je frissonne, mon cœur se révolte, il m'échape, j'ai des desirs, je ne sais où ils tendent; mon inquiétude se nourrit de tout ce qu'on fait pour la distraire. Un feu répandu dans toutes mes veines me dévore, me consume; le jour est un supplice pour moi, la nuit ne m'est pas plus favorable, le sommeil me fuit, ou ne suspend mes peines que pour les augmenter; mille images bizares & chimériques s'offrent à moi; tantôt une troupe folâtre d'Amours m'enchaînent avec des guirlandes de fleurs, me transportent sur leurs aîles dans des lieux en-

chantés;

chantés ; gazons émaillés, bocages ſombres, murmures gracieux d'un ruiſſeau lentement fugitif ; ramage attendriſſant de mille & mille roſſignols, dont l'écho répéte les ſons flateurs ; palais où brillent l'or & l'azur, où rival de la nature, l'art anime ſes propres ouvrages, raviſſent mes yeux & mes oreilles. Des objets inconnus, mais charmans, badinent autour de moi, m'appellent, me montrent le bonheur qui eſt dans l'éloignement ; j'y vole, tout diſparoît. Tantôt brûlant d'une ſoif ardente, je me trouve dans un déſert aride, je ne vois que des monceaux de ſable, que des roches eſcar ées ; un bruit terrible ſe fait entendre, je prête l'oreille, je regarde, c'eſt un torrent qui ſe précipite d'une montagne. Je m'y préſente ; l'eau ſe perd ſous terre, il n'en rejallit ſur moi que quelques gouttes, qui ne par-

parviennent point jusqu'à ma langue desséchée. Que te dirai-je ? Mille autres plaisanteries se montrent & se détruisent ; je m'éveille, & ne me rendors plus.

Seigneur, lui répondit le Prince, l'état où vous êtes me touche d'autant plus, que ma présence irrite vos maux. Si j'en suis la cause, exilez-moi, ne me revoïez jamais. Quoi qu'il en coûte à mon amitié, elle me rend capable de vous faire ce sacrifice. Non, mon cher *Danbre*, interrompit *Apprius*, je ne puis consentir à vous perdre, je suis encore plus à plaindre quand je suis éloigné de vous ; que vous êtes injuste ! j'ai besoin de vos conseils, de votre secours, & vous voulez m'abandonner. A ces mots il le regarda avec des yeux baignés de larmes, & se tût. Le Favori reprit ainsi la parole : „ Vous êtes dans un âge où toutes

„ les

„ les passions confondues dans un „ cœur cherchent à se développer ; „ le choc est rude, il est difficile de „ le soutenir. Il en coûte également „ à céder ou à combattre. La vic- „ toire ou la défaite sont également „ douloureuse. Vous me demandez „ conseil, je ne trahirai point votre „ confiance. Je vais vous proposer „ un remede violent, mais nécessai- „ re. Arrachez-vous à vous-même. „ Sortez de l'inaction où vous êtes. „ La gloire vous appelle. Suivez- „ la. Vous n'avez point de Guerre „ où vous puissiez faire vos premie- „ res armes. Laissez en paix vos „ Voisins. Allez chercher au loin „ des dangers dignes de votre cou- „ rage. Volez à la découverte de „ l'Isle de *Taliélaré*. Le repos & les „ plaisirs vous y attendent. Mettez „ fin à cette avanture, la gloire vous „ en est réservée.„ A ce discours, le

Roi prend un air plus ſerein. Il ſemble ſortir d'une longue létargie ; un feu vif, mais doux brille dans ſes yeux : c'eſt un homme nouveau. Ah! mon cher, s'écrie-t-il en l'embraſſant, que ne vous dois-je point? Mon trouble ceſſe, il eſt diſſipé : hâtez-vous de tout préparer pour cette brillante entrepriſe, je ſens que mon bonheur en dépend. Son idée ſeule me tranſporte, elle m'occupe tout entier. *Danbre* va trouver *Gatimonnilia*, lui parle du deſſein du Roi. D'abord elle le déſaprouve, mais vaincuë par ſes raiſons, elle y donne les mains, à condition qu'elle ſera du voïagç. On équippe une Flotte. On prend des meſures pour entretenir le calme dans le Roïaume pendant l'abſence d'*Apprius*. Le jour du départ arrive, on s'embarque.

Danbre, *Gatimonilia* & les deux

Celulois

Celulois étoient seuls dans la Chambre du Roi, & s'efforçoient de l'amuser pendant une navigation longue, quoiqu'heureuse. Quelquefois il entroit dons leurs entretiens, mais le plus souvent emporté par ses rêveries, ou cédant à son impatience, il passoit des journées entieres à regarder la Mer, & à soupirer. Le tems changea, le Ciel se couvrit de nüages, le vent grossit & devint contraire; la tempête se forme, elle éclate, les Pilotes se déconcertent, les Vaisseaux se dispersent, l'orage redouble, on est menacé d'un naufrage prochain: *Apprius* immobile garde un profond silence; les deux *Celulois* imitent leur Maître; *Danbre* & *Gatimonnilia* se querellent, l'Equipage jette des cris lamentables, le Vaisseau s'ouvre, les flots l'engloutissent; le Roi soutenu par ses *Menins* qui l'aident à nager, est jetté demi mort ſur le ſable. Il revient à lui, demande ſon Favori; ne le trouve point, l'appelle, le cherche de tous côtés, & ſe déſeſpére de ſa perte. *Gatimonnilia* le rejoint, elle tâche de le conſoler, ſes ſoins ſont inutiles. Ils apperçoivent quelques Pêcheurs occupés à reciieillir les débris du naufrage. Ils leur demandent dans quel Païs ils ſont? Vous êtes, leur répondirent-ils, dans le Païs des *Dotigs*. *Mina* qui eſt notre Reine, a ſon Palais à trente lieuës d'ici. Comme les chemins ſont difficiles, & que nous ſommes amis des Etrangers, l'un de nous vous ſervira de guide, en cas que vous vouliez aller à la Cour, où nous pouvons vous aſſûrer que vous ſerez bien reçus. *Apprius* accepta leurs offres, & ſe mit en chemin. Le ſecond jour il retrouva ſon Favori, ſa vûë lui fit oublier tous ſes malheurs.

Gati-

Gatimonnilia avoit pris les devans. La Reine inſtruite par elle de la venuë d'*Apprius*, vint à ſa rencontre, & le ſerrant tendrement, ſe félicita de le poſſéder. Elle le logea dans ſon Palais, & le combla de ſes careſſes. Le Roi ſe fit bientôt aux mœurs des *Dotigs*, & oubliant ſon Roïaume & tous ſes projets, ſe livra aux délices du Païs avec d'autant plus d'emportement, qu'il n'en avoit jamais goûté de pareils.

Le Roïaume des *Dotigs* n'eſt pas fort étendu; c'eſt une plaine preſque carrée, coupée de rivieres qui ſe jettent l'une dans l'autre; il y a quelques petites montagnes aux extrémités, mais peu conſidérables; il eſt composé de cinq Peuples differens, dont le pricipal eſt ſéparé des quatre autres par une vallée aſſez profonde; ils ont tous leurs talens & leurs uſages particuliers; en général ils ſont allertes, adroits, officieux & infatiguables.

Mina charmée de ſon nouvel Hôte, inventoit tous les jours quelque plaiſir pour le retenir ; ſa paſſion pour lui devint ſi forte, qu'elle en abandonna le ſoin de toutes ſes affaires ; elle ne pouvoit ſe paſſer de ſa vûë. *Apprius* répondoit à ſes empreſſemens, & leur union ſembloit devoir durer autant que leur vie. *Gatimonnilia* allarmée des exercices violens qu'elle lui voïoit faire, lui repréſenta que ſes excès pourroient avoir des ſuites funeſtes. *Danbre* & les *Celulois* ſe joignirent à elle ; le Roi ne voulut rien écouter. Elle lui demanda à ſe retirer ; elle fut la duppe de ſon dépit, il lui dit froidement qu'elle étoit la maîtreſſe de ſa deſtinée ; qu'elle pouvoit s'en aller où bon lui ſembleroit. Là-deſſus il la congédia. D'abord il fut charmé

de

de ne la plus voir ; mais bientôt après il la regretta, & ſe trouva trop heureux de la revoir, quand elle voulut bien revenir. Tels ſont les Rois ſans expérience. Un jour *Apprius*, entraîné par l'ardeur de la Chaſſe, s'égara ; la nuit le ſurprit, il apperçût à la faveur d'une foible lumiere, quelques Maiſons ſur une coline, il s'y rendit & tomba entre les mains des *Brularnes*, Peuples féroces & indomptés, bizarement avides du bien d'autrui ; ils ne veulent le prendre que pour le diſſiper en pure perte, & ne tirent d'autres avantages de leur fureur, que l'affreux plaiſir de ſe détruire eux-mêmes, en faiſant périr ceux dont ils ſe ſont rendus les maîtres par force ou par adreſſe. Diſciples d'un certain *Godinéſe*, ils apprirent de lui à commettre le crime ſans honte & ſans remords. Ils n'avoient ni Temples, ni Prêtres ; cependant ils ſe piquoient de Religion, & ſacrifioient à la Terre le jour, la nuit, le matin & le ſoir, comme ils y étoient déterminés par leur zéle ou par leur caprice. Sans égard pour la Majeſté Roïale, ils traiterent *Apprius* avec une inhumanité de barbares, le mirent en priſon, le dépoüillerent, le ſéparerent de ſon Favori, & ne lui laiſſerent que ſes deux *Menins*, qui, épuiſés eux-mêmes par les mauvais traitemens qu'ils avoient reçûs, ne pouvoient lui rendre aucun ſervice. La Reine *Mina* fut touchée de l'état où étoit *Apprius* ; mais n'oſant & ne voulant pas ſe broüiller avec les *Brularnes*, elle ſe contenta d'emploïer ſes bons offices pour les engager à le traiter plus doucement ; ils firent peu de cas de ſon entremiſe, & continuerent à le perſécuter ; il eut beſoin de toute la vigueur, de de toute la force de ſon tempérament, pour ne point ſuccomber à des épreuves ſi violentes, ſi ſouvent redoublées, qui l'excédoient juſqu'au vomiſſement; il devint pâle, maigre, décharné, méconnoiſſable. A tant de maux ſe joignit encore une hémoragie de ſang qui le réduiſit à l'extrêmité. Le Prince *Lucanus*, (nous dirons dans la ſuite qui il étoit) entreprit de le tirer des mains des *Brularnes*. Il emploïa pour cet effet la Princeſſe *Cadhubée*, qui ſe fit aider par *Gatimonnilia*; elles avoient toujours été ennemies, l'intérêt d'*Apprius* les réünit. *Cadhubée* eſt une perſonne fort extraordinaîre: regardée d'un certain côté, on lui trouve des charmes, cependant elle eſt réellement laide; elle eſt de tout Païs, & n'eſt d'aucun; le lieu de ſa naiſſance eſt inconnu; bizarre, inconſtante, impérieuſe, elle va

toujours

toujours à l'extrême dans ſes vûës ? elle fait conſiſter les plaiſirs dans le caprice & dans l'excès ; ce n'eſt point en elle le goût qui décide, c'eſt le tempéramment : elle ne raſine ſur rien ,elle outre toutes choſes ; elle paſſe rapidement d'une idée à l'autre, la plus extravagante lui paroît toujours la plus ſage, elle tire vanité de ſes emportemens ; incapable de réflexion, rien ne l'arrête, la fureur qui la guide a ſouvent des ſuites fâcheuſes ; il ſemble alors que ſa douleur, que ſes larmes, ſoient un repentir, ce n'eſt qu'un déſeſpoir, qu'une rage que lui cauſe l'impuiſſance où elle ſe trouve de pouvoir ſe ſatisfaire ; ſes Favoris ſont eſclaves ; elle les traite avec hauteur, elle ne leur laiſſe que la liberté d'obéïr ; elle veut, elle force, elle n'a point d'autre maniere de perſuader. *Cadhubée* avoit quelque

que crédit ſur les *Brularnes ;* elle eut permiſſion de voir *Apprius ,* & fit ſi bien qu'ils le lui remirent entre les mains. Elle lui propoſa de venir chez le Prince *Lucanus* qui le déſiroit, ſuivant la Lettre dont ce Prince l'avoit chargé pour *Apprius.* Elle étoit conçûë en ces termes : " *Lucanus ,* Souverain de *Lucanie ,*
„ Prince héréditaire de *Medoſo ,*
„ *Ghervomo , Vergobrie ,* &c. Au
„ Roi *Apprius* , ſalut. Nous a-
„ vons appris avec ſurpriſe & avec
„ douleur l'état où vous vous trou-
„ vez, au milieu de nos plus grands
„ ennemis. Les outrages que vous
„ font ces Barbares, ont allumé no-
„ tre juſte indignation ; nous leur
„ avons fait demander votre liber-
„ té, nous ne croïons pas qu'ils aïent
„ l'inſolence de nous la refuſer. Si
„ nous nous trompons, vous nous
„ verrez bientôt à la tête de toutes

„ nos

„ nos forces, mettre tout à feu & à
„ ſang chez ces miſérables, & les
„ détruire de fond en comble. L'al-
„ liance qui a toujours été entre nos
„ Ancêtres, & l'eſtime que nous
„ avons de votre perſonne, nous
„ font eſpérer que vous honorerez
„ notre Cour de votre préſence, &
„ que vous y viendrez recevoir tou-
„ tes les marques d'amitié que vous
„ pouvez attendre d'un Frere & d'un
„ Allié, *Lucanus*.

Apprius fut ſenſible aux avances de *Lucanus*. Cependant ſon premier mouvement fut de refuſer ſes offres, & de retourner dans ſon Roïaume. Les manieres de *Cadhubée* lui déplurent, il ſe ſentit de la répugnance à la ſuivre : on lui avoit fait un portrait peu avantageux de *Lucanus* & de ſes Etats, où l'on aſſure que l'air eſt ſouvent infecté d'exhalaiſons ſulphureuſes & inſup-

porta-

portables, & le Païs ſouvent déſiguré par des inondations incommodes, & des débordemens fort diſgracieux. Il n'avoit point en lui d'idées qui le flataſſent ſur ce voïage ; enfin, ſoit inſtinct ou préjugé, tout l'en détournoit ; la jeuneſſe eſt avide de nouveautés, mais elle veut les connoître, ou du moins s'imaginer qu'elle les connoît avant que de s'y livrer. L'envie de s'inſtruire, le plaiſir de n'ignorer de rien l'encourage ; la honte de paroître ignorante la retient ; flottante, incertaine, il faut qu'on la détermine ; tel étoit *Apprius*. *Gatimonnilia* vainquit ſon irréſolution, & l'emporta ſur le Prince *Danbre*, qui étant à peine revenu de ſes dernieres avantures, craignoit d'en entreprendre de nouvelles.

Il ne voulut point partir ſans prendre congé de la Reine *Mina*.

La

La maniere dont elle l'avoit reçû, exigeoit cette marque de reconnoissance : leur entrevûë fut tendre, leur séparation douloureuse ; il y eut des larmes répanduës, ils se dirent un adieu qu'ils crurent éternel ; mais ils eurent dans la suite le plaisir de se revoir à la Cour d'une Princesse, dont les avantures étroitement liées avec celles d'*Aprius*, feront un des plus beaux endroits de cette Histoire, dont nous finissons ici la premiere Partie.

HISTOIRE DU PRINCE APPRIUS.

SECONDE PARTIE.

LA *Lucanie* eſt beaucoup plus étenduë que les Etats de la Reine *Mina ;* le Païs, quoique ſtérile, eſt fort habité. Les Relatious des Voyageurs, (elles ſont très-rares) varient ſur le plus ou le moins de ſéjour qu'ils y ont fait, la plûpart même ſe contredisent formellement. Voici à peu

D près

près ce qu'ils en rapportent. Cet Etat eſt d'une figure ronde, environné de hautes montagnes, couvertes en tout tems de neiges, qui moderent l'exceſſive chaleur du climat; une plaine aſſez reſſerrée le coupe par le milieu; il n'y croît que quelques arbuſtes, qui ne produiſent rien; il y régne preſque toujours un vent impétueux, dont le bruit reſſemble beaucoup à celui du tonnerre, il eſt au reſte plus incommode que nuiſible. Les mœurs des Habitans ſont très-ſingulieres; ils ſont partagés en deux Nations, également ſoumiſes à leur Prince, les *Ugobers* & les *Chedabars*. Les *Ugobers* ſont ennemis du faſte & de l'oſtentation. Leurs habits ſont propres, mais ſimples, leur maiſon modeſte, leur nourriture frugale; ils ont l'air ſage, le maintien décent, le diſcours honnête; ils fuïent, ou du moins

moins ils affectent de faire croire qu'ils fuïent l'excès & le désordre. Ils se piquent de Science, & même de Philosophie, ils en font Leçon & s'efforcent, non en public, mais en particulier, de l'inspirer à leurs *Eleves*; ils sont mystérieux de leur Morale, autant que de leur Culte; un secret inviolable cache l'un & l'autre aux regards, & à la pénétration de tous ceux qui n'y ont point été eux-mêmes initiés : grand zélateurs de leur Religion, ils cherchent avec soin, cultivent avec application les moïens de lui faire des *Prosélytes*; & rigides observateurs de leurs Maximes, ils en soutiennent les pratiques jusqu'au scrupule : ils sont au reste si doux, si humains, que leur douceur est passé en Proverbe, & qu'on dit communément un bon *Ugober*.

Il n'en est pas de même des *Che-*

dabars, auſſi faut-il dire qu'ils ſont comme les Eſclaves des *Ugoberts*. Ce ſeroient les plus mépriſables, les plus malhonnêtes de tous les hommes, ſi leurs Maîtres n'avoient la bonté d'adoucir leur ſervitude ; un orgüeil ſtupide les aveugle ſur l'ignominie de leur état ; parce qu'ils ſont libres en apparence, ils ne ſentent pas le poids de leurs chaines ; leur lâche complaiſance les rend inſenſible aux dégoûts de l'humiliation ; on les flatte, on les careſſe ; leur ame mercenaire s'en applaudit ; inſenſez qui ne s'apperçoivent pas qu'ils ſont le joüet de ceux dont ils s'imaginent faire le bonheur. Ils ſe piquent de beauté, mais cette beauté eſt molle, efféminée & paſſagere. Plongez dans un luxe immoderé ils ne reſpirent que les parures, que les ajuſtemens ; on les reconnoît à la richeſſe de leur habit, & mieux encore à leur maniere de ſe mettre. Leurs regards ſont compoſez, leur démarche eſt affectée, ils n'ont rien de naturel, ils ſont les premiers qui ont laiſſé croître leurs cheveux; qui les aïent friſés & poudrés. Ils ont ont invente l'uſage des pâtes, des eſſences & des parfums; leurs diſcours reſſemblent à leurs mœurs, ils ont un langage à part; plein d'afféterie, ils s'appellent entr'eux *Réfers*, *Gnotis*, & *Manégides*. Ces noms bizarres ſont leurs noms d'amitié. Ils ont parmi eux un Ordre de Chevalerie dont on ignore l'origine & les prérogatives: ils tiennent tous à ſi grand honneur de le porter, qu'il n'y a que les miſérables qui ne l'aïent pas, on l'appelle l'Ordre de *Thalactemne*.

L'eſclavage des *Chedabars* finit quelquefois. Il y en a qui ſe font admettre au rang des *Ugobers*, alors ils oublient la baſſeſſe de leur premier état, & l'Esclave prend les sentimens du Maître. *Lucanus* n'étoit point de ces Princes populaires qui se communiquent à leurs sujets, qui vivent familierement avec eux; il étoit de difficile accès, ne se laissant voir qu'à ses favoris & qu'à ses Médecins. Il étoit sujet à des vapeurs qui le jettoient dans une mélancolie noire qui l'agitoit cruelement: sa fureur redoubloit quand les Princesses *Hermoderies* venoient lui rendre visite, ce qui arrivoit assez souvent. Ces Princesses habitent un Païs appellé *Suna*, elles étoient amoureuses de *Lucanus*, n'aïant pû lui plaire, elles se vengent de ses mépris par les maux qu'elles lui font souffrir. Cependant il reçût fort bien *Apprius*, il lui procura tous les plaisirs dont sa Cour étoit susceptible. On lui donna deux fameux *Ugobers* pour l'instruire des Misteres de la Religion, il y fut bien-tôt initié, sa pénétration lui fit devancer les leçons de ses Maîtres. S'il eût été dans un âge à être flatté de la réputation de sage, il eût trouvé son compte dans les éloges qu'on lui donnoit de toutes parts ; mais soit inconstance, soit dégoût, on s'apperçût bien-tôt qu'il méditoit de se retirer en secret, prévoïant que *Lucanus* s'opposeroit à son départ s'il lui en parloit. En effet l'hipocrite modestie des habitans lui déplaisoit, il démêla sans peine, que la vertu n'y étoit qu'extérieure, que la sagesse dont ils faisoient parade, n'étoit qu'un rafinement de plaisirs dont la mistérieuse régularité flatoit plus leur imagination que leur cœur. Ajoûtez à cela que l'air & les vents du Païs l'incommodoient ; que quoiqu'il eût le plus bel appartement du Palais, comme les *Lucaniens* n'ont

pas

pas le goût des bâtimens, il y étoit mal logé, & si étroitement que lui & *Danbre* son favori ne pouvoient qu'à peine se remuer dans la même chambre. *Lucanus* fut surpris de l'indifférence qu'*Apprius* marqua pour les plaisirs de sa Cour & de la secrette antipatie qu'il découvrit en lui pour sa personne; jusqu'à lors il n'avoit point fait d'infidels; mais le Roi pensant plus noblement que le reste des hommes, sentit qu'il lui manquoit quelque chose, & sans sçavoir précisément ce que c'étoit, il en désiroit la possession.

Lucanus qui l'éxaminoit, prévit avec douleur qu'il alloit lui échapper; pour le retenir, il eût recours à un moïen qu'il crut infaillible, ce fut de le tenter par la gloire, & de lui en promettre une immortelle, s'il vouloit se mettre à la tête de ses troupes & l'aider de son courage & de de ſes conſeils à vaincre ſes ennemis. *Apprius* parut ébranlé. Que ne peut point la gloire ſur un jeune cœur ? Pour ne point laiſſer réfroidir ſes heureuſes diſpoſitions, il le pria de trouver bon qu'on l'inſtruiſit de ſes vûes, & qu'on tint chez lui le lendemain un grand Conſeil. Le Roi ne peut rien refuſer. On s'aſſemble. *Peguirèle* Général de *Lucanus*, brave Officier qui avoit vieilli à la guerre, où il avoit rendu des ſervices ſignalez à ſon Maître, prend la parole & dit :

„ Les expreſſions d'un vieux ſol-
„ dat ſont groſſieres, il ſonge aux
„ choſes plus qu'aux paroles, il ſe
„ pique de bien faire & non pas de
„ bien dire ; ainſi, grand Prince,
„ j'expoſerai ſimplement le ſujet
„ qui nous aſſemble. Il s'agit d'une
„ guerre juſte & néceſſaire. Voïons
„ d'abord quels ſont nos ennemis ;

„ nous

„ nous verrons ensuite par quels
„ moïens nous pourrons en triom-
„ pher. Le Prince *Lucanus* est sans
„ contredit le plus puissant Monar-
„ que du monde ; cependant il veut
„ bien vous ceder la prééminence,
„ & tenir à honneur de devoir à
„ votre courage les conquêtes qu'il
„ médite de faire. Le premier, &
„ le plus opiniâtre de nos ennemis,
„ c'est le Prince *Turnée*, qui abu-
„ sant de la situation de son état,
„ qui est sur les hauteurs de celui-
„ ci, & coupé d'une infinité de ca-
„ naux, nous innonde en pleine paix,
„ & par le seul plaisir de nous faire
„ du mal. Son extravagance est tel-
„ le, que quoiqu'il soit toujours
„ vaincu, il est toûjours le premier
„ à attaquer ; cependant comme de-
„ puis peu le Prince mon Maître a
„ fait avec lui une treve qu'il a pro-
„ mis d'observer religieusement, il
„ faut

„ faut attendre qu'il ait donné de
„ nouveaux ſujets de rupture, pour
„ lui faire ſentir l'effort de nos ar-
„ mes, & nous n'attendrons pas
„ long-tems. Un autre ennemi plus
„ cruel & plus dangereux, ce ſont
„ les *Brularnes* : Seigneur vous avez
„ été parmi ce peuple, vous ſçavez
„ juſqu'où va leur ferocité, non
„ contens de nous attaquer à force
„ ouverte, ils cabalent parmi les
„ *Lucaniens*, ils abuſent de la jeu-
„ neſſe & de l'ignorance des *Cheda-
„ bars*. Ce qu'il y a de pis, (jugez
„ combien grande eſt la corruption
„ du cœur humain) on a trouvé
„ des *Ugobers* en commerce avec
„ des *Brularnes*, il faut couper le
„ mal à la racine ; de leur deſtruc-
„ tion dépend notre ſureté, notre
„ honneur, notre ſalut ; en les ex-
„ terminant, vous vangez vos in-
„ jures & les nôtres. Qui peut nous
„ arrêter ? le fer & la flâme ſont

„ prêts,

„ prêts, l'ennemi eſt à nos portes ; „ il ne devroit déja plus ſubſiſter „ que dans la mémoire de ſes deſ- „ tructeurs. Le troiſiéme ennemi „ contre lequel nous avons beſoin „ de toute notre valeur, & de toute „ notre expérience, c'eſt *Monilne*, „ Reine des *Sirlapis*, qui ſe ſont ſouſ- „ traits à notre obéiſſance pour vivre „ ſous la ſienne. Je frémis de rage, „ quand je ſonge aux maux qu'elle „ nous a cauſés, à ceux qu'elle „ nous fait, & à ceux qu'elle nous „ prépare ; vous ne voyez point „ d'Etrangers parmi nous, elle „ nous les a tous enlevez, ſa Cour „ eſt le centre des richeſſes & du „ commerce de toute la terre. Gra- „ ces aux Dieux immortels ! ſes „ artifices n'ont ſéduit aucun *Ugo-* „ *ber*, mais il ne nous reſte au de- „ hors que quelques amis cachez „ qui n'oſent paroître ſous nos éten- „ dars. La crainte & la honte les „ retiennent,

„ retiennent, hâtons-nous d'abbattre son odieuse domination. „ Soïons-en les destructeurs, ou „ nous en serons les victimes ; l'en-„ treprise est difficile, je ne le nie „ pas, ses troupes sont nombreuses „ & aguéries, ses Chefs intrépi-„ pes & célebres par mille conquê-„ tes, mais le courage & la pa-„ tience triomphent de tous les ob-„ stacles. Hâtons-nous. Invincible „ quand elle attaque, pour la vain-„ cre il faut la surprendre. Voïons maintenant par quelle voie nous y réussirons. Nous avons vingt mille *Ugobers* que j'ai l'honneur de commander, le fameux *Galibernite* est à la tête de quinze mille *Chedabars*. Comme nos voisins ont refusé d'entrer dans la ligue, le Serenissime Prince *Lucamus* mon maître a fait alliance avec *Roulée*, Reine des *Tegres* & des *Prénitres*, la plus im-

 placable

placable ennemie de *Monilne*, &, si j'ose le dire, plus acharnée à sa perte que nous-mêmes. Née dans un monde différent du nôtre, elle a quitté ses intérêts & passé les mers pour venir seconder notre fureur; outre ses sujets naturels, ses troupes qui portent par tout le fer, la flame & l'épouvante sont composées de *Palunois* & de *Chrenacs*, & de *Chunepiades*. A ces noms je vois pâlir *Monilne*. Ce n'est pas le tout, nous avons envoyé *Cadhubée* dans ses Etats, y jetter par ses pratiques secretes le trouble & la division; déja les *Piromons*, qui sont nos Hussards, marchent sous la conduite de leur Général *Alesopariel* pour s'emparer des forêts qui environnent son Roïaume. Ces peuples se font suivre par leurs femmes & par leurs enfans, on ne les chasse presque jamais des

des lieux dont ils se sont une fois rendus maîtres ; on ne peut les détruire qu'en tuant leur Chef, qui pour éviter ce malheur, va toûjours simplement habillé, & confondu parmi ses soldats qui ne craignent non plus que lui, quoique ce soit sous le ciel, si non un certain poison dont le nom est terrible, ils l'appellent *Konengt-Sirg*, c'est le seul qui leur est mortel.

Vous voïez Segneur par le détail de nos forces, & par la sagesse des mesures que nous avons prises, que la victoire ne peut nous échapper sous un Chef de votre réputation.

Mon Maitre vous remet son fort & ses armes entre les mains : il sera votre premier soldat, menez nous à l'ennemi, nous secondrons par notre obéissance & notre courage le grands exemples que vous nous donnerez. *Peguirele* se tut ; il s'éleva dans l'assemblée un murmure confus d'applaudissemens ; le desir de la gloire, celui de la vangeance se faisoit lire dans les yeux de tous les assistans. La Roi lui-même parut touché, il laissa entrevoir qu'il acceptoit le commandement, qu'on lui offroit d'une maniere si flateuse, cependant il ne donna point de parole positive, & vouloit auparavant consulter son favori. Le Conseil finit, *Apprius* court chercher *Danbre*. On lui dit qu'il étoit allé à la chasse aux *Evases*, gibier extraordinaire, dont on trouve quelquefois plus qu'on ne veut quand on ne s'en soucie pas, mais qu'on a de la peine à rencontrer quand on le cherche. En attendant qu'il fut de retour, le Roi se fit donner un cheval pour aller à la promenade ; insensiblement il s'écarta de sa suite : un orage le surprit,

prit, quelques arbres s'offrisant, il fut s'y mettre a couvert. il n'y avoit pas eté un quart d'heure que le Ciel etant eclairci, il appercut a quelques pas de lui une grotte d'une Structure singuliere qui excita sa curiosité, il s'en approcha, l'entrée qui lui paroissoit tout en feu, l'arreta, mais il connut bientôt qu'elle etoit faite de branches de Corail; quelques gardes vêtus de blanc etoient rangés en haies, dans l'avant-cour, ils ne laissoient entre eux que des intervalles si imperceptibles, qu'il entreprit inutilement de passer au-dela. cet obstacle le fâchant, il leur parla. au lieu de lui repondre ils s'ouvrirent pour faire passage à une jeune personne d'un air si vif et si brillant qu'Apprius en fut ebloui, la surprise fut si grande qu'à peine entendit-il les premieres paroles qu'elle lui adressa

adressa: "qui que vous soyés, lui
„dit-elle, qui sans doute venés me
„consulter sur votre destinée, que
„puis-je pour vous? je vous ser-
„virai si vous êtes amant; car
„je ne puis rien pour les maris, ou
„du moins je ne veux rien faire
„pour eux. Madame, lui repon-
„dit-il, je suis le Roi des Siders,
„c'est le hazard qui m'a conduit
„ici, n'ayant pas le bonheur de
„vous connoitre, je ne viens point
„vous demander de grace. quoi,
„Seigneur, interrompit-elle, vous
„êtes le Roi Apprius! ce Roi celè-
„bre par toute la terre, qui loin de
„vos etats vivés parmi un peuple
„etranger, dont la malice artifi-
„cieuse veut vous engager à pren-
„dre les armes contre une Reine
„aimable que vous ne connoissés
„pas, que vous aimerés, et que

„vous epouserés un jour. Voulés-
„vous detruire un royaume qui
„doit vous appartenir? quittés
„une entreprise si funeste, si indi-
„gne de vous. votre interêt s'y
„oppose, la gloire la condamne,
„les Dieux vous le defendent;
„mais, continua-t-elle, pour faire
„cesser la surprise où je remarque
„que vous jette mon discours, ap-
„prenés qui est celle qui vous parle,
„et en même temps quelles sont sur
„vous les vües eternelles et im-
„muables des destinées.„

Je suis fille de Praftil et de Vecti-
vilia, on m'appelle Lugane, ele-
vée dés mon enfance avec des soins
infinis, par un pere a qui la Deesse
Zudée avoit revelé tous les secrets
de la Nature; conduite par une mere
dont tous les talens etoient merveilleux, je devins en peu de tems un
prodige; je sçavois tout, je parlois

de

de tout avec certitude. mes defauts obscurcirent bientôt ces belles qualités. j'etois volage, indiscrete, inconstante; le naturel l'emporta sur la reflexion. les connoissances solides, les choses serieuses m'ennuierent, je m'en degoutai, je les abandonnai; le badinage et la coquetterie devinrent mes passions dominantes, un gout de bagatelles et d'inutilité fit tout le fond de ma vie. ce fut moi qui la premiere m'avisai d'apprendre aux amans l'art d'exprimer leur passion. j'inventai les termes seduisans qui flattent, qui eblouissent, qui persuadent presque toujours. j'aidai le cœur et les yeux de deux jeunes objets enflammés l'un pour l'autre, à confondre leurs soupirs, a se communiquer leurs transports, a entretenir et augmenter leurs feux; les gentillesses de l'amour, la vivacité des plaisirs, les

rafinement

raffinement des délices furent mon ouvrage. Les *Imars*, nation insipide & dégoutante, vinrent me demander des leçons. Je les rebutai, ils se vangerent de mes mépris d'une maniere cruelle; mais qui dans la suite m'est devenuë salutaire. Ils eurent recours à la barbare *Cornidetis*, ma plus implacable ennemie. J'étois libre alors, ne me défiant de rien, je n'étois en garde sur rien, mon inconsidération me fut pernicieuse. La maudite *Cornidetis* me surprit pendant que je dormois. Elle m'attacha avec des liens imperceptibles, mais indissolubles dans la grote embrasée où vous me voïez. Je conserve dans ma prison l'amour que j'ai eû pour la liberté. Je fais pour en sortir des efforts qui se bornent à la vaine faveur de pouvoir prendre l'air, encore faut-il que mes gardes me le permettent.

permettent. Je puis à la vérité transporter ma grotte d'un lieu à un autre, mais je n'en ſuis pas moins captive, à force de me dire que je devois me ſoûmettre à ma deſtinée, je me le ſuis perſuadé, ne pouvant travailler pour moi-même, je m'occupe à être utile à ceux qui ont beſoin de mon ſecours. *Lugane* s'étant arrêtée un moment, reprit ainſi la parole. "Je reviens maintenant à „ vous, Seigneur, l'amour de la „ gloire vous avoit fait entreprendre „ la conquête de l'Iſle de *Talièlaré*. „ Ce deſſein étoit grand, mais par„ ce que vous avez pris de mauvai„ ſes meſures, il ne vous à pas „ réuſſi. La tempête a diſperſé vos „ vaiſſeaux, vous avez fait naufra„ ge, & par un enchaînement de „ diſgraces, vous avez été ſéduit „ par les careſſes de la Reine *Mina*; „ réduit dans un état affreux par la

„ férocité

„ férocité des *Brularnes* ; & ſans „ moi le Prince *Lucanus* alloit vous „ embarquer dans une guerre fu„ neſte, qui auroit mis le comble à „ votre imprudence. Pardonnez à „ ma ſincerité. Le véritable zéle „ ménage peu les expreſſions, je „ veux vous ſervir & non vous flat„ ter. Reprenez donc votre premier „ projet, mais n'eſperez pas parve„ nir à l'Iſle de *Taliélaré* ſans la Rei„ ne *Monilne*. Séparez-vous de ſes „ ennemis, allez à ſa Cour, méri„ tez ſes bonnes graces ; vous au„ rez des obſtacles & des ennemis à „ ſurmonter, ne vous découragez „ point, vous en ſerez victorieux ; „ je ne puis vous en dire davanta„ ge, votre prudence & votre va„ leur doivent ſuppléer à ce qui ne „ m'eſt pas permis de vous réveler. „ Adieu, Seigneur, un force ſupé-

„ rieure

„ rieure m'ordonne de vous quitter.

Apprius étonné de ce qu'il venoit d'entendre, resta immobile, revenu à lui-même, il cherche *Lugane*, il veut lui parler, elle avoit disparu, il se laisse aller à une si profonde rêverie qu'à peine entend-t-il la voix de ses gens qui l'ont retrouvé. Il retourne chez lui plein de trouble, impatient d'apprendre à son favori les prodiges qui viennent de lui arriver. *Danbre* l'attendoit dans sa chambre. Que je vous parle, lui dit-il, dès qu'il l'apperçût, que je vous parle; tout le monde se retire. On les laisse seuls. Quelque impression qu'eussent fait sur son esprit les discours de *Lugane*, il voulut avant que d'en parler à son favori, sçavoir ce qu'il pensoit des projets de *Lucanus*, résolu, s'il les approuvoit, de suivre aveuglément son avis. Quand

on

on a reconnu un ami fidele & d'un genie ſuperieur au nôtre, il ſied même aux Princes d'avoir pour leurs conſeils une inviolable condeſcendance.

Apprius fait donc à *Danbre* un récit exact de ce qui s'eſt paſſé dans le Conſeil, lui rendant mot à mot la harangue de *Péguirelle*. *Danbre* qui a toûjours en vûë la conquête de l'Iſle de *Taliélaré*, lui avouë naturellement que l'expédition qu'on lui propoſe, n'eſt pas de ſon goût. Il appuie ſon ſentiment de tant de raiſons que le Roi s'y rend. Alors il lui conte dans toutes les circonſtances ce qui vient de ſe paſſer entre *Lugane* & lui. *Danbre* tranſporté de joie embraſſa *Apprius*. On fait entrer *Gatimonnilia*. On la met de tiers dans le ſecret. On la conſulte ſur les moïens de parvenir au Roïaume de *Monilne*. Elle promet d'y rêver & d'en rendre compte le lendemain. Cependant *Lucanus* s'allarme de l'irrésolution d'*Apprius*. Il s'étoit flatté qu'il accepteroit d'abord les offres avantageuses que *Peguirelle* lui avoit fait de sa part. Le moindre obstacle est une offense pour les Princes accoûtumés à l'esprit de domination, ils veulent que rien ne s'y oppose, ils veulent même l'étendre sur leurs égaux.

Lucanus se détermine d'aller trouver le Roi, & de mettre tout en usage pour le faire décider. Pendant qu'il s'occupe de cette idée, on vient lui dire qu'*Apprius* & toute sa suite sont sortis de ses Etats. Cette nouvelle le met en fureur, il ordonne qu'on courre après lui, que sans égard pour le droit des gens, on lui fasse violence ; qu'on le tuë même ; on lui obéit, il étoit trop tard, le Roi

étoit

étoit en sûreté. *Gatimonnilia* vive & pénétrante s'étoit doutée que si *Lucanus* avoit le moindre soupçon qu'*Apprius* voulut le quitter, il prendroit un parti extrême pour l'empêcher. Elle crut sagement qu'il falloit le prévenir par une prompte fuite. Tandis qu'elle prépare tout pour leur départ, deux inconnus se présentent à elle, lui disent qu'il sont envoyez par *Lugane* pour offrir leurs services au Roi, elle les regarde, les examine, & les reconnoît, c'étoit *Restecle* & *Neglicalide*, aussi-tôt elle les mene à *Apprius*, qui sous leur conduite s'échappe & se dérobe aux poursuites de *Lucanus*.

D'abord il voulut prendre le chemin des Etats de *Monilne*, mais faisant réflexion que si le Prince *Lucanus* venoit l'attaquer, elle ne seroit

 peut-

peut-être pas en état de lui résister ; il crut qu'il falloit lui mener un secours considérable, & capable de la délivrer d'un ennemi si terrible. Ainsi nos passions s'élevent & se détruisent. Cette Reine, qu'hier *Apprius* vouloit détruire, devient aujourd'hui l'objet de sa tendresse & de ses inquiétudes. Les prédictions de *Lugane*, le portrait flateur que lui en fait *Gatimonnilia*, firent naître pour elle dans son cœur la plus vive passion. Il marche à grands pas vers son Roïaume, pour s'y mettre en état de voir celui de *Monilne* ; mais comment y arriver ? La mer s'oppose à son impatience. Il n'a point de Vaisseaux, *Harzadel*, le démon des bons & des mauvais évenemens, le tira d'embaras. Un gros Navire (c'étoit un des siens) cinglant à pleines voiles, s'offre à ses yeux. Il fait des

signaux,

ſignaux, ils ſont entendus, le Bâtiment aborde à la rade, il s'embarque, la navigation fut heureuſe, l'Amour étoit du voïage. *Apprius* arrive, ſes ſujets ſont charmés de le revoir, ils font éclater leurs transports.

Cependant le Roïaume étoit agité, Les *Siders* ne peuvent reſter en repos. La préſence du Roi diſſipa la ſédition. Il leva des troupes, ordonna à ſon armée de le ſuivre, & ſans s'arrêter il prit les devans avec vingt mille ſoldats tous gens d'élite. Pendant qu'*Apprius* fait ſe voïage, tâchons de donner une idée ſimple, mais claire de *Monilne* & de ſon Roïaume; mais prenons auparavant un peu de relâche, & remettons à la troiſiéme Partie de cette Hiſtoire les choſes merveilleuſes qui nous reſtent à dire.

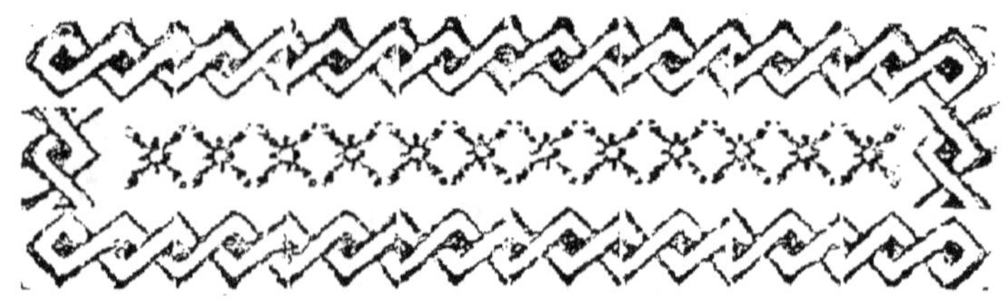

HISTOIRE DU PRINCE APPRIUS.

TROISIE'ME PARTIE.

MONILNE étoit fille du Roi *Témeris*, & de la Reine *Palmenocasis*, qui morts jeunes, lui laisserent de bonne heure le gouvernement de leurs Etats, sous la conduite d'une sage Prêtresse nommée *Televerna.*

Comme l'attrait & le charme de la Beauté consistent dans un certain assemblage

aſſemblage d'atômes ſympatiques, dont quelques-uns s'échappant en colomnes imperceptibles, vont frapper le cœur. On ne trouvera point ici de ces Portraits Romaneſques, ennuïeux dans leurs détails, ridicules dans leur tout. Nous imiterons les Anciens, qui plus ſages que les Modernes, (ſoit dit ſans leur déplaire) parloient pour le cœur plutôt que pour l'eſprit; & nous dirons ſimplement que *Monilne* étoit belle parce qu'elle plaiſoit. Son Roïaume eſt auſſi ſingulier par ſa ſituation, que par les mœurs & la ſingularité de ſes Habitans. La Carte du Païs eſt difficile à dreſſer, parce que les degrés de longitude & de latitude y varient preſque toujours. Les Terres qui s'étendent en pente douce, de droite & de gauche, depuis les Contrées appellées *Neris* juſqu'à celles qu'on nomme *Tiroles*, ſont

ſont arroſées par le Fleuve *Viner* qui ſe précipite avec impétuoſité du Mont *Omalte*. Le reſte du Païs n'eſt pas fort connu, parce que les Voïageurs ſe ſont plus occupés des délices du lieu, qu'à en faire d'exactes Deſcriptions.

Les Peuples y ſont connus ſous le nom général de *Ciſtonne*: les plus conſidérables s'appellent *Sirlapis* & *Poſſanis*. C'eſt parmi eux qu'on choiſit les Gouverneurs de Provinces. On en compte ſept: des *Pruſſois*, des *Oſnis*, des *Pecnédes*, des *Laccroniades*, des *Caccnoſis*, des *Urauſes* & des *Célides*. Ces Peuples ſont fort turbulens, preſque toujours en guerre les uns avec les autres; cependant par un effet inconcevable du bonheur de *Monilne*, leur diviſion ne ſert qu'à l'affermiſſement de ſa puiſſance.

Ses Sujets ne la ſervent qu'à genoux,

noux, ne la voïent qu'à travers un voile, ne lui parlent que par des emblêmes. Il ne leur est permis de le faire qu'après avoir pris des leçons de la Maîtresse du langage, qui s'appelle *Edomiste*. La métaphore est si familiere dans cette Cour, qu'on n'est jamais mieux entendu que lorsqu'on semble parler pour ne le pas être; une loüange donnée sans figure, seroit grossiére; une grace demandée sans détours seroit sûrement refusée. La langue est simple, mais vive; les expressions harmonieuses, le stile concis. Les Etrangers, par le moïen de certains Interprétes nommés *Xeuy* & *Itattenosi*, entendent tout ce qu'on leur dit, & font entendre tout ce qu'ils disent, de quelque Nation qu'ils soient.

Venons aux qualités de *Moniine*. Rien ne naît ou ne reste parfait; le bien

bien & le mal, quoiqu'ennemis, se réünissent dans le même objet pour le rendre tour à tour digne d'admiration ou de censure : cependant on peut assûrer que ce qu'il y a en cette Princesse d'excellent, elle se le doit à elle seule; ce furent ses confidens, ses favoris, en un mot tout ce qui l'environne qui lui causerent ces altérations qu'on remarque quelquefois dans son humeur & dans son tempérammment; la bonté de son naturel la défendit même long-tems de la séduction des conseils suborneurs & empoisonnés. Etre toujours attaquée, résister toujours, l'humanité ne va pas jusques-là. *Monilne* fit des fautes légéres, il est vrai, mais elle fit des fautes. Son mérite nous demande des loüanges, nous lui en païons le tribut avec plaisir. L'Histoire nous demande de la sincérité, nous ferons notre devoir en lui obéïssant.

obéïssant. La pluralité des Dieux n'étoit pas établie de son tems; on n'avoit point encore poussé la fureur superstitieuse jusqu'à déïfier le plaisir & la douleur. Alors la crainte & l'espérance étoient des passions, rien de plus. Adorer ce qui est réellement un mal, ou ce qui ne peut pas être un bien, à qui cela est-il arrivé? à des êtres orgüeilleux qui s'imaginent tout sçavoir, qui se croïent d'une nature infiniment supérieure à tout ce qu'ils connoissent, tranchons le mot, à des hommes. La réflexion nous emporteroit trop loin. Passons. *Monilne* adoroit *Nullea*, Déesse bizarre à la vérité, mais dont la puissance exigeoit un culte religieux. Elle se contentoit presque toujours d'un hommage d'admiration, mais dans de certaines conjonctures, elle vouloit des sacrifices sanglans. Elle choisissoit elle-

elle-même ses Victimes, & ne fertilisoit que les terres arrosées du sang qu'elle avoit fait couler. A l'exemple des Souverains Orientaux, *Monilne* faisoit observer à la Cour un cérémonial assez épineux, nous n'en rapporterons point l'étiquet; parce que changeant tous les matins, on écrit l'ordre du jour, dont ceux qui viennent au Palais doivent s'instruire avant que d'y entrer. Ce Palais est de figure ovalle, revêtu de marbre blanc par dehors; les ameublemens sont de satin couleur de feu; ses Jardins sont en amphithéâtre; les hauteurs sont plantées de petits arbres, dont les branches entrelassées forment des berceaux impénétrables aux raïons du Soleil & à la rigueur du froid le plus excessif. Les ornemens de la Reine sont simples; elle porte un grand voile nommé *Hecmesi*; elle en met un second

& un troisiéme, qu'on appelle *Olloctin &Rapine :* ces trois voiles sont recouverts par une grande piéce d'étoffe d'or ou d'argent, ou de taffetas, suivant la saison ; dans les jours de cérémonie, & lorsqu'elle va au Temple de *Nullea*, elle se couvre d'un bandeau appellé *Téversite*, ou selon d'autres *Farivoch*. Le nombre de ses Favoris est fort grand. La premiere personne qui eut part à ses bonnes graces fut *Perlopetra*, Favorite désintéressée, qui ne demandoit rien pour elle-même, & ne s'occupoit qu'à contribuer au lustre de sa Maîtresse. Sa faveur fut longue, mais languissante ; sa simplicité n'avoit rien de piquant. *Monilne* l'aima toujours par habitude, dans le tems même qu'elle ouvroit son cœur à de nouveaux engagemens. *Solidapantris*, jeune étourdi, la tête pleine de jeux & d'amusemens,

mens, s'empara de l'esprit de la Reine. Son imagination vive & fertile inventoit tous les jours de ces plaisirs superficiels, qui n'ont rien de flatteur que la variété, qu'on quitte sans regret, qu'on reprend sans goût, qu'on oublie enfin d'un moment à l'autre. *Althone* s'introduisit aussi dans le cœur de *Moniline*, on ne sait comment, il semble en effet que ce ne fut point par ses bonnes qualités. Timide, elle veut à peine se montrer; quand on lui parloit, elle baissoit les yeux; quand on la regardoit, ses joues se couvroient d'une rougeur stupide plutôt que modeste: cependant la Reine avoit pris pour elle tant de goût, qu'elle l'imitoit en toutes choses; on fit pendant quelques années d'inutiles efforts pour la guérir d'un attachement si bizarre, les conseils & les remontrances ne servirent à

rien;

rien : tout ce qu'on faisoit pour détruire *Althone*, augmentoit son crédit.

Ce que n'avoit pû toute la Cour, *Prelarva* en vint à bout. L'envie de plaire est née avec nous ; mais quelque vif que soit ce sentiment, il ne se développe pas tout d'un coup. Caché dans notre cœur, il faut qu'on l'aide à se débarrasser des obstacles qui la retiennent. *Prelarva* savoit qu'il y a mille moïens de se rendre aimable, sans s'attacher aux choses qui dépendent de l'intérieur, elle s'occupa de celles que le goût peut ajouter à la nature : elle inventa les ajustemens ; elle apprit à *Monilne* l'art de s'en servir. Avant elle on ne connoissoit point le mérite d'une coëffure plus ou moins élevée, d'un cheveu plus ou moins avancé, d'une mouche placée d'une certaine façon. C'est par elle que ſouvent les habits les plus ſimples effacent les étoffes les plus riches ; que quelques fleurs, quelques rubans arrangés avec intelligence, terniſſent l'éclat des pierres les plus précieuſes. D'où vient que la vûë de cette perſonne nous fait plaiſir? D'où vient que la vûë de celle-là, peut-être plus belle que l'autre, ne nous en fait point? n'en cherchons la raiſons que dans le charme du je ne ſai quoi. Ce charme eſt l'ouvrage de *Prelarva*. Quoiqu'elle eut lieu de croire que ſa faveur ſeroit de tous les tems, elle eut l'habileté, pour la rendre plus durable, de s'aſſocier *Celtiquétorea*. La Reine ſe livra toute entiere à cette nouvelle venuë. *Prelarva* loin d'être jalouſe de la bonne fortune de ſon amie, y contribuoit de bonne grace. *Celtiquétorea* avoit une compagne qu'elle aimoit tendrement, elle l'admit

dan

dans les entretiens secrets qu'elle avoit avec *Moniline*. *Lasicotéria*, c'étoit son nom, forma d'abord le dessein de supplanter toutes ses Rivales. L'ambition & l'ingratitude sont Sœurs; pour y réussir, elle se conduisit avec la Reine tout différemment de celles qui l'avoient précédée; elle s'apperçût qu'elle ignoroit mille choses, & qu'elle n'en avoit que des idées confuses; elle lui inspira le désir de les apprendre, & s'offrit de l'en instruire. *Moniline* l'écoute, l'interroge: la pénétration de l'écoliere va au devant des lumieres de la Maîtresse; elle fait tout, le mal comme le bien; peu s'en fallut que cette science ne lui devint funeste. Nous nous en tenons difficilement à une spéculation stérile, nous voulons éprouver le vrai ou le faux des choses, le chemin est court entre l'imagination

& la pratique. On se lasse bientôt de ne juger que sur la rélation d'autrui. On est bien aise d'en croire sa propre expérience. La tentation étoit délicate. Sans *Althone* la Reine y succomboit. Retenuë par ses scrupules, elle s'arrêta au bord du précipice ; & comme les choses les plus mauvaises deviennent utiles par l'usage qu'on en fait, il fut dans la suite avantageux à *Moniine* de connoître le bien & le mal, pour aimer l'un & pour éviter l'autre : toute réflexion faite, l'ignorance est ce qu'il y a de plus mauvais.

Tout à coup la Reine se dégoûta de toutes ses Favorites, pour une jeune fille nommée *Neckinnosca*. Cette volage enjoüée s'amusoit de tout. Incapable d'attachement, elle passoit d'un objet à un autre sans s'y arréter. Elle aimoit & cessoit d'aimer ; elle ne connoissoit de plaisir

que

que celui d'en changer; cette passion étoit si vive en elle, que pour la satisfaire elle aimoit mieux manquer une occasion d'être heureuse, que de n'en pas chercher une nouvelle, qu'elle abandonnoit dès qu'elle l'avoit trouvée. Elle quitta la Reine, elle revint à elle, & la requitta encore. Cette humeur turbulente passa de la Favorite à la Maîtresse; quand on aime tant d'objets à la fois, on n'en aime aucun, la trop grande agitation dégénére en tiédeur ou insipidité; on se cherche dans la foule des choses dont on est environné, on ne se trouve plus, le plaisir trop partagé s'évapore & devient à rien; *Monilne* étonné de son état, veut revenir à elle-même, son cœur se refuse à ses efforts.

Il y avoit à la Cour un homme appellé *Ulnine*, qui passoit pour sage; on ne le voïoit mêlé dans aucune

cune intrigue, dans aucune fête, dans aucune partie de plaisir; ne demandant rien pour les auttes, ni pour lui-même. Il vivoit dans l'indépendance; on attribuoit à sa Philosophie ce qui n'étoit qu'un effet de son tempéramment. *Monilne* le crut propre à lui rendre le calme qu'elle avoit perdu; elle s'adressa à lui: jamais l'Hyver couronné de glaçons, n'a fait tant de ravage dans la nature, que le froid poison de ses conseils en fit dans la Cour de la Reine; elle changea de conduite, de mœurs, de sentimens, c'est une suspension, c'est un engourdissement de toutes les facultés de son ame, c'est une létargie dont rien ne la peut retirer. La compagnie, la solitude lui sont également insupportables; le travail l'affadit, le repos la fatigue, les plaisirs l'importunent; elle se fâche quand on lui

lui parle, elle fait mauvais gré quand on ne lui parle pas : elle seiche, elle ne vit plus, elle meurt d'une mort lente & insensible.

Telle étoit la situation de *Monilne* quand *Frigalia*, *Galler* & *Litocris* arriverent dans son Roïaume.

Frigalia, Princesse des *Bratides*, étoit une précieuse insipide ; ni blonde ni brune, ni bien ni mal faite ; elle avoit de la beauté, mais elle n'étoit point piquante ; elle avoit de l'esprit, mais de cette sorte d'esprit qui ne plaît point. Elle affectoit un air d'indifférence & de timidité, dont personne n'étoit la dupe ; un fond de mépris pour les autres, d'amour propre pour elle-même, dont on s'appercevoit sans peine, pour peu qu'on l'étudiât, déparoit toutes ses actions.

Les *Bratides* sont une nation visionnaire, indéfinissable, incompréhensible, ſenſible, aimant le plaiſir à l'excès; elle le cherche où il n'eſt pas : elle ſe fait des choſes une idée ſi fauſſe, qu'elle prend toûjours l'ombre pour le corps : elle parle de ſentimens, de délices, de tranſports, mais tout cela n'eſt qu'un jargon où l'on ne comprend rien; elle ſe pique de délicateſſe, mais ce n'eſt qu'un raffinement ridicule, ſuperficiel, chimérique, ſoit antipathie naturelle ou crainte d'être trompée, elle n'a jamais de commerce avec ſes voiſines; elle ſe ſuffit, ou du moins elle s'imagine ſe ſuffire à elle-même; amoureuſe de l'impoſſible, elle ſe paſſione pour des objets fanſtatiques, ſa folie va juſqu'à vouloir donner l'exiſtence au rien : elle reſſemble aux *Danaïdes*, elle reſſemble à *Tantale*. *Galler* étoit couſin de *Frizelia* : *Litorris* étoit favori de *Galler*. Ce Prince des *Girridoches* étoit un blond, trop beau pour un

homme,

homme, si pour tant on peut appeller beauté cette délicatesse efféminée qu'on blâmeroit dans la coquette la plus maniérée. Ses mœurs & son esprit répondoient à sa figure, c'étoit le vrai original de ces colifichets dont nous voïons tant de copies. Il couroit même des bruits équivoques sur son compte qu'on n'a jamais bien approfondis. On disoit assez communément de lui qu'il n'étoit ni ce qu'il paroissoit, ni ce qu'il ne paroissoit pas, qu'étant peut-être tous les deux, il n'étoit ni l'un ni l'autre. Les *Gimidoches* sont un peuple grossier, stupide, masse, lourde & informe, ils n'agissent que par un mouvement emprunté, machines pour ainsi dire inanimées, sans sçavoir, sans industrie, on ne les emploie qu'à des ouvrages serviles. Le hazard supplée

plée au mérite, *Frigalia* plût à *Monilne* : faut-il s'en étonner ? Elle étoit dans cet état d'anéantissement où le cœur se livre au premier objet qui veut s'en emparer. Comme on passe rapidement d'une extrémité à l'autre, elle l'aima d'abord avec une violence qui alloit à l'abandon, & le temps qui détruit tout fortifia tellement au contraire cette passion, que les intrigues, les jalousies, les remontrances, tout fut inutile contre une faveur si marquée. Il y avoit trois ans que *Frigalia* maîtresse de l'esprit & du cœur de *Monilne*, faisoit douter qui des deux étoit la Reine. Pendant ce tems-là on avoit parlé de plusieurs mariages. La favorite en avoit éludé toutes les propositions. Elle vouloit gouverner seule, ou quand elle ne pourroit plus se soûtenir, faire tomber le choix sur le Prince *Galler* dont

dont elle étoit aſsûrée. Un jour que *Frigalia*, retenuë chez elle par quelque légere indiſpoſition, n'étoit point au Palais, *Monilne* rêvoit profondément ſur un lit de gazon. Un Magicien nommé *Mommelis* l'aborda : Madame, lui dit-il, je ne viens point combattre votre penchant pour *Frigalia*, il faut reſpecter le goût des Rois, mais duſſai-je vous déplaire, mon zele m'ordonne de vous repréſenter que votre gloire & le bien de vos ſujets, à qui vous devez plus qu'à vous-même, vous demandent un époux ; je veux que les Princes qui juſqu'ici ſe ſont mis ſur les rangs, ne ſoient pas dignes de cet honneur, je ne blâme pas vos refus ; mais celui que je viens vous propoſer ne vous laiſſe aucun prétexte, c'eſt le Roi *Apprius* : En

 vain

vain resisterez-vous aux Dieux ; ils vous l'ont destiné. Voïez, continua-t-il, en lui montrant son portrait, si cet air justifie leur choix.

Monilne jetta sur cette peinture un de ses regards momentanés, que le premier mouvement dérobe à la réflexion ; ce ne fut qu'un clin d'œil, mais il eut son effet. *Mommelis* s'apperçut de son trouble, il en sourit : Madame, poursuivit-il, le charme de sa personne fera sur vous une bien plus vive impression : Bien-tôt vous l'éprouverez. Il dit & disparut. Frappée de ces paroles, la Reine court chez *Frigalia* pour lui faire part de son avanture. L'artificieuse favorite dissimula sa fraïeur en l'écoutant, maîtresse d'elle-même en apparence, elle lui dit d'un ton de voix tranquille ; qu'elle la

supplioit

ſupplioit d'être perſuadée que ce qu'elle alloit lui dire, partoit, ſi elle doit s'exprimer ainſi, d'un mouvement épuré de tendreſſe pour elle, où ſon propre intérêt n'avoit point de part; elle s'arrêta un moment, comme pour attendre que *Monilne* lui ordonnât de continuer. Parlez, lui dit-elle, je vous en prie. Madame, reprit *Frigalia*, on vous trompe, *Mommelis* eſt un impoſteur. Cet *Apprius* n'eſt qu'une chimere, qui n'éxiſte que dans l'imagination de ce faux Prophéte; je veux qu'il y ait dans le monde un Roi de ce nom: Pourquoi faut-il que vous lui ſacrifiez votre liberté, vos plaiſirs, votre repos? C'eſt l'ordre des Dieux, me direz-vous: Eh Madame, attendez que les Dieux vous parlent plus clairement; mes ſujets, ajouterez-vous, me demandent un Roi;

levez-vous pour eux, vous donner un Maître ? ſongez que ſoumiſe à d'éternelles contradictions, vous allez devenir eſclave : qu'un mari quelqu'il ſoit, eſt un tiran ; le caprice le guide, l'air imperieux regne dans ſes diſcours, ſa volonté eſt la regle de ſes actions, ſon amour eſt mépriſant, ſon inconſtance dédaigneuſe, il ne ſe ſert point de ſes droits, mais il fait ſentir avec hauteur qu'il peut s'en ſervir, il ne prie point, il arrache. Je tire le rideau ſur le détail humiliant de mille autres circonſtances douloureuſes, que je prie les Dieux immortels d'éloigner de vous. Ma Reine, vous laſſez-vous d'être heureuſe ? Alors ne pouvant plus ſe contraindre, elle ſe jette toute en larmes aux pieds de *Monilne*, elle les ſerre avec tranſport, elle ſoupire, elle ſanglote. Quoi ! s'écria-t-elle, vous allez ceſſer de m'aimer,

mer, un autre va posséder ce cœur qui faisoit toutes mes délices! ces plaisirs si doux vont s'évanouir, ils faisoient mon bonheur, ils vont faire mon désespoir; du moins cruelle que vous êtes, ne m'immolez pas à un inconnu; si vous m'abandonnez, abandonnez-moi pour le Prince *Galler*, il vous adore, son bonheur, si quelque chose peut adoucir ma disgrace, me consolera de la perte du mien: Je vous réponds de sa tendresse, vos charmes doivent vous répondre de sa constance. A ces mots elle s'arrête, ses sanglots redoublent, sa gorge s'enfle, ses yeux s'obscurcissent, elle pâlit, elle perd le sentiment. *Moniine* emportée par sa rêverie, reste immobile, elle s'apperçoit à peine de l'état de *Frigalia*, elle en est touchée si foiblement, qu'elle s'étonne de sa dureté. Quand les yeux voient ce qu'il n'avoient jamais vû, le cœur ne ſent plus ce qu'il ſentoit; & ſent tout ce qu'il ne ſentoit pas, le trait avoit pénétré, l'impreſſion étoit faite, elle ſort & donne ordre froidement qu'on aille ſecourir ſa favorite, qui déja ne l'étoit plus. Cependant on apprit que le Prince *Lucanus* avoit levé des troupes qu'il deſtinoit contre *Monilne*, & comme la renommée groſſit ou déguiſe toutes choſes, on ajoûta qu'*Apprius* à la tête d'une armée formidable, venoit fondre ſur ſes Etats; ſon dépit fut égal à ſa crainte; *Frigalia* profita de cette conjoncture pour la regagner. Voilà donc, lui dit-elle, ce Prince que les Dieux vous deſtinoient, qui vient à main armée porter le fer & la flamme dans votre Roïaume, & peut-être pouſſer la fureur juſqu'à vous

vous ôter la vie. Que j'envisage de malheurs! mais la plainte est inutile, quand le danger presse il faut agir, il faut courir aux remedes. Reposez-vous sur mon zele & sur la valeur du Prince *Galler*, nos sujets, nos biens, nos vies, nous emploïerons tout pour vous défendre. La Reine interdite ne répondoit rien, elle avoit à combattre contre un ennemi que l'Amour, quoiqu'outragé, défendoit encore dans son cœur : quand l'espérance a fait de certains progrès, elle devient un bien réel, on ne s'en sépare qu'avec violence : *Monilne* sentoit moins la perte prochaine de sa Couronne, que l'horreur de la perdre par une main qui lui étoit chere ; que fera-t-elle : que ne fera-t-elle pas ? de tous côtez elle ne voit qu'un enchaînement funeste de disgraces dont

la

la moindre l'accable, elle ne se détermine à rien, elle n'a pas même la force de le vouloir. Elle étoit dans cette agitation lorsqu'on lui vint dire qu'un courier demandoit à lui parler; elle le fit entrer: " Madame, „ lui dit-il, sans ménagement, tout „ est perdu; *Apprius* a débarqué „ dans vos Etats avec deux mille „ hommes. „ Cette nouvelle acheva de triompher de sa constance; elle succomba. Revenuë à elle-même, sa foiblesse lui fit honte. Le soin de sa conservation & de celle de ses sujets, la retira de la létargie où l'avoit plongée l'excès de sa douleur; elle donne ordre qu'on leve des troupes, elle en nomme les Généraux, & fait tout ce que la prudence peut lui suggerer pour dissiper ou du moins pour éloigner le danger qui la menace; mais réfléchissant

ſant avec ſageſſe, qu'on obtient ſouvent plus par la négociation que par la guerre la plus heureuſe, elle crut pour n'avoir rien à ſe reprocher, qu'elle devoit députer vers *Apprius*, pour ſçavoir le motif de ſa venuë, & pour traiter avec lui aux conditions que lui-même voudroit impoſer. Elle chargea de cet emploi *Carnalite* & *Preſcanelle*, qui firent une ſi prodigieuſe diligence, qu'elles trouverent encore *Apprius* dans ſon Camp. Introduites en ſa préſence, elles expoſerent en tremblant leur commiſſion, ſans oſer lever les yeux ſur lui; croïant parler à un barbare, à un monſtre, dont un ſeul regard ſeroit capable de les faire mourir. Le Roi eut pitié de leur trouble. Raſſurez-vous, leur dit-il, d'un air gracieux, votre maîtreſſe & vous n'avez rien à craindre; déja les Ambaſſadrices

baſſadrices ſont moins effraïées ; elles portent ſur lui leurs regards ; le charme de ſa vûë fait ſon effet ; elles ſont gagnées. Allez, pourſuivit-il, avec cette bonté qui lui donne tant d'empire ſur les cœurs, allez dire à la Reine *Monilne*, que ſon inquiétude fait injure à *Apprius*, qu'il ne vient point attaquer ſes Etats, mais les défendre contre ſes ennemis; j'ai déja envoïe *Gatimonnilia* l'aſſurer de mes intentions, j'irai l'en aſſurer moi-même inceſſament ; là-deſſus, il les comble de careſſes, leur fait de riches préſens & les renvoïe. *Gatimonnilia* plus prompte qu'un éclair, s'étoit renduë à la Cour de *Monilne*, ſon éloquence perſuaſive avoit triomphé des craintes de *Frigalia*, des artifices de *Galler*, & des ſcrupules d'*Edomiſte*. *Preſcanelle* revint ſeule : *Carnalite* s'étoit perduë en chemin, elle acheva va ce que *Gatimonnilia* avoit si bien commencé, la Reine consent qu'*Apprius* vienne à sa Cour; alors elle voit reparoître ses idées flateuses, dont elle s'étoit séparée avec tant de peine, sa joie trop resserrée dans son cœur, éclate dans ses yeux; elle ne s'occupe que d'*Apprius*; elle ne parle que de lui.

Il arrive. Nous avoüons ingénuement, que toutes les ressources de notre esprit, ne vont pas à donner un récit fidelle de ce qui se passa dans cette entrevûë; *Gatimonnilia* elle-même, dont nous suivons les mémoires, est si brouillée, si confuse en cet endroit, qu'on n'y trouve que quelques termes jettez au hazard, d'admiration, de plaisirs, de transports & de ravissemens. Nous laissons aux lecteurs à s'en faire une idée plus ou moins précise, suivant le plus ou le moins d'étenduë de leur

leur ſenſibilité & de leur pénétration. *Frigalia* ne pût ſoutenir la préſence d'*Apprius*, elle ſe ſauve chez les *Bratildes*, elle veut les engager à ſervir la fureur qui l'anime, cette Nation n'eſt point belliqueuſe, l'ombre même du danger l'épouvante, elle refuſe de prendre les armes, l'infortunée *Frigalia* n'a plus de reſſource que dans le déſeſpoir, elle s'y abandonne ; peu touchée de ſes larmes impuiſſantes, les Dieux n'écoutent ni ſes cris, ni ſes prieres, le tein livide, les yeux enfoncés, le corps décharnée, ſpectre plus horrible que la mort même, elle erre au gré d'une rage renaiſſante qui la dévore ſans la conſumer. Elle meurt à tout moment & ne peut mourir. *Galler* abandonnée par *Frigalia*, veut ſe retirer ; *Litocris* plus courageux ou moins timide que ſon maître s'y oppoſe : il lui montre que les

les choſes ne ſont pas encore déſeſperées ; que le tems remédie aux plus grands maux, que celui qui réſiſte à la mauvaiſe fortune eſt preſque sûr d'en triompher. Seigneur, ajoûte-t-il, cet ennemi que vous voulez fuir, n'eſt peut-être pas ſi terrible, il a ſans doute des défauts qui le mettront en priſe ; ſi vous ne pouvez le détruire à force ouverte, vous en viendrez à bout par une voie moins honorable, mais plus sûre. L'impreſſion qu'il a fait ſur *Monilne* ne fait que commencer, ne lui donnez pas le tems de devenir plus forte, le ſexe eſt timide & ſoupçonneux, jettez dans ſon cœur des craintes, des défiances indiſcrètes, parez-vous d'une généroſité apparente, cachez vos intérêts ſous un voile artificieux, louez *Apprius* d'un air ingenu, mêlez dans l'éloge que vous en ferez de ces légeres reſtric-

 tions

tions qui ſemblent échapper ſans deſſein, mais qui portent coup : la loüange maligne finement aprêtée nuit plus aux affaires d'un ennemi, que la médiſance qui marche à viſage découvert. La Cour eſt un païs de ſouterrains, il faut y ruſer. La faveur la plus brillante eſt la plus prête à s'écrouler. Semblable à ces places de guerre, dont les fortifications extérieurs paroiſſent inacceſſibles, mais dont une mine a ſappé les fondemens, elle tombe au moment qu'on la croïoit la mieux affermie. Les conſeils de *Litocris* eurent leur effet, *Galler* reſta à la Cour de *Monilne*; déja on commence à répandre des diſcours captieux qui parviennent juſqu'à la Reine, elle s'inquiéte, elle s'allarme. *Apprius* en eſt averti, il démêle ſans peine d'où partent les coups qu'on veut lui porter, il n'oppoſe aux lâches artifi-

ces

ces de son ennemi, qu'une indignation méprisante ; il se montre, *Galler* ne peut soutenir ses regards, il quitte la partie, la fausse valeur de *Litocris* s'évanouit, ils sont en fuite.

Aux conseils qu'inspirent la crainte, succede la honte de les avoir suivis, le désespoir ne donne point de courage à ceux dont il s'est emparée, mais il leur montre des ressources imaginaires qu'ils embrassent aveuglément. *Galler* & son favori levent une armée de *Gidimoches*, ils s'avancent sur les terres de *Monilne*, ils se flattent de pouvoir surprendre *Apprius*. A cette nouvelle plus furieux qu'un tigre, il ramasse à la hâte quelques-uns de ses amis, fond sur eux avec l'impétuosité d'un aigle qui s'élance sur sa proie, au premier choc *Litocris* disparoît, *Galler* foulé aux pieds, couvert de son sang & de blessures ; mord la poussiere en expirant ; les *Gimidoches* veulent faire résistance, ils sont mis en pieces. Cette guerre terminée, le Roi en eut une autre à soûtenir plus pénible, mais plus glorieuse contre *Lucanus*. Il est sûr que si le Prince *Lucanus* ne se fût point amusé contre les *Brularnes*, il eût pû faire de grands maux à *Monilne*; mais il commit une faute assez ordinaire aux conquerans qui veulent ne rien laisser derriere eux ; il perdit devant une bicoque un tems qui auroit servi à conquérir une province. Les *Brularnes* craignant d'être forcés, lui avoient demandé plusieurs fois la paix ; ils lui avoient représenté, ce qui étoit vrai, qu'en les exterminant, il n'affoiblissoit point *Monilne*, qu'au contraire il diminueroit par leur destruction le nombre de ses ennemis, Ils lui avoient même me offert de joindre leurs troupes aux ſiennes, *Lucanus* ne voulut rien entendre, le ſuccès de ſon opiniâtreté ne fut pas heureux, la ſaiſon s'avança, les pluies innonderent ſes tranchées, la mortalité ſe mit dans ſon camp, il médite de lever le ſiége, les *Brularnes* s'apperçoivent de ſon embarras, ils en profitent, ils l'attaquent en gens qui combattent pour leurs foyers, l'ardeur de conſerver eſt plus vive que d'acquerir; les *Lucaniens* ne peuvent ſoûtenir l'effort d'un ennemi qu'ils mépriſoient. Ils ſont pouſſez de tous côtés. Ce n'eſt plus un combat, c'eſt une déroute : les troupes auxiliaires furent les plus maltraitées, tout autant de *Chrenac* & de *Palunois* qui tomberent ſous la main des vainqueurs, ils les livrerent ſans miſéricorde à *Oſirar* & à *Volitir*, éxécuteurs de leur vengeance, le premier surnommé l'impitoïable, le second l'infernal qui les firent périr par le fer & par le feu. Après cette disgrace, *Lucanus* fut trop heureux d'accepter la Paix qu'il avoit refusé d'accorder : il rétablit son armée, & se flattant de mieux réussir contre *Monilne*, il se met en marche : *Roullée* excitoit sa fureur & ses espérances : tirons le rideau sur les malheurs qu'enfante la guerre : campagnes dévastées, villes abandonnées au pillage : hommes, femmes, enfans de tout âge, de tout état, pêle mêle, égorgés aux pieds des autels de leurs dieux domestiques ; combats opiniâtres ; succès incertains, funestes aux deux parties ; victoires disputées ou acquises par des torrens de sang : champ de bataille jonché de morts, soldats avides de carnage, immolant de sang froid des malheureux

heureux que la peur avoit épargnés; tout ce que l'art militaire a de ſtratagême, tout ce que la valeur d'un côté, tout ce que la rage de l'autre peut inventer : voilà l'affreux tableau que l'imagination peut ſe préſenter ſans le ſecours des yeux. Une derniere action décida cette grande querelle ; *Lucanus* fut défait, & n'échapa qu'à peine des mains du vainqueur. *Roulée* fut faite priſonniere & miſe aux fers : on la relegua dans l'horrible caverne du *Dolber*, parmi l'infâme nation des *Panutis* & *Tribleins*. Là, ſa rage eſt bornée & ne peut s'étendre que ſur de lâches eſclaves, qui victimes éternelles de ſa férocité, n'oppoſent aux outrages qu'ils reçoivent qu'une ſtupide inſenſibilité. Des images plus riantes nous appellent : *Apprius* revient à la Cour de *Monilne*, il eſt reçû comme son libérateur, tout retentit de ses louanges, son nom est porté jusqu'au cieux, les monumens les plus pompeux, les plus flateurs, s'élevent à sa gloire & consacrent à la postérité le souvenir immortel de ses éclatantes actions.

FIN.

CLEF RENVERSEE.

APprius,	*SUpairp.*
Valmor,	*Roumal.*
Lufcoteria,	*Eilfoirucal.*
Pultevola,	*Eidipucal.*
Gatimonnilia,	*Noltanigamil.*
Siders,	*Srifed.*
Taliélaré.	*Etilaer.*
Danbre,	*Redinab.*
Livaguver,	*Iueugival.*
Plecuaniffa,	*Ecnaffiupal.*
Celulois,	*Selliuoc.*
Dotigs,	*Stgiod.*
Mina,	*Niam.*
Brularnes,	*Sruelnarb.*
Godinefe,	*Senegoid.*
Cadhubec,	*Ehcuabed.*
Lucanus,	*Sunaluc.*
Medofo,	*Emodes.*
Gherromo,	*Errehmog.*
Vergoberie,	*Eirergoub.*
Ugober,	*Erguob.*

Chedabars,

Chedabars,	*Schcadrabl.*
Refers,	*Sererf.*
Gnoris,	*Snotig.*
Manigedes,	*Sedeminagl.*
Thalacteme,	*Etelcnamal.*
Hermoderies,	*Sedlerromehi.*
Suna,	*Sunc.*
Péguirele,	[illegible]
Turnee,	ertneu
Monilne,	*Ninocel.*
Sirlapis,	*Srifialp.*
Galibernite,	*Eganitrebil.*
Rouleé,	*Elorev.*
Tergres,	*Sterger.*
Prenitres,	*Sritneper.*
Paluncois,	*Snialuop.*
Chrenacs,	*Sercnahc.*
Chussepiades,	*Sessipeduahc.*
Alesopariel,	*Eirepolasal.*
Vonengtsirg,	*Sirgtneugno.*
Erases,	*Seesar.*
Prestil,	*Tirpsel.*
Véctivalia,	*Eticavival.*
Lugane,	*Eugnal.*
Pirouons	Froissron

Tudée,

Tudée, *Edute.*
Imare, *Stram.*
Cornideris, *Noitercsid.*
Reftecie, *Terceſel.*
Neglicalides, *Cenegilidal.*
Hazardel, *Drazahel.*
Temeris, *Eretſim.*
Palmenocafis, *Ecnaſialpmoc.*
Televerna, [illegible]
Neris, *Snier.*
Tiroles, *Slietro.*
Viner, *Eniru.*
Omalte, *Etomal.*
Ciftónes, *Seſtinoc.*
Poffanis, *Snoiſſap.*
Prufois, *Sripuos.*
Ofnis, *Snios.*
Pecnedes, *Secneped.*
Lacertoniades, *Snoitaralced.*
Caconofis, *Snoiſacco.*
Vraufes, *Sruevaf.*
Celides, *Seciled.*
Xeuy, *Xuey.*
Ittatenofi, *Snoitnetta.*

Nullea,

Nullea,	*Enulal.*
Hecmesi,	*Esimcho.*
Ossoctin,	*Nollitoc.*
Rapine,	*Reinap.*
Terversite,	*Eteivres.*
Farivoch,	*Riosuahc.*
Perlonetra,	*Eterporpal.*
Solidapantis,	*Noitapissidal.*
Althone,	*Etnohal.*
Prelarva,	*Erurapal.*
Celtiquetorea,	*Eireteugocal.*
Nectinnosca,	*Ecnatsnocni.*
Ulnine,	*Iunnel.*
Litocris	*Sirotilc.*
Bratildes,	*Selabirt.*
Gimidoches,	*Sihcimedog.*
Momelis,	*Liemos.*
Carnalite,	*Etniarcal.*
Prescanele,	*Ecnarcpsel.*
Edomiste,	*Eitsedom.*
Osrar,	*Riosar.*
Volitir,	*Loirtiv.*
Galler,	*Lager.*

www.ingramcontent.com/pod-product-compliance
Lightning Source LLC
LaVergne TN
LVHW012021220826
846092LV00001B/445